AF316344

DES PROCHAINES ÉLECTIONS

DE L'AN VI,

PAR JEAN-HENRI BANCAL,

Ex - Repréſentant du Peuple à la Convention Nationale & au Conſeil des Cinq-Cents.

> C'eſt la liberté & l'égalité qui maintiennent la dignité de l'homme, & donnent une gloire durable. *Page* 10.

Depuis l'établiſſement de la conſtitution, il y a eu, à la ſeptième & à la huitième année de la révolution, chaque année une nomination du tiers de la repréſentation nationale, renouvelant, tous les ans, pour un tiers dans les deux Conſeils, le Corps légiſlatif.

C'eſt la première & la ſeconde épreuve, depuis la conſtitution.

C'eſt, en appliquant au corps politique la penſée de Buffon ſur la marche de l'univers, la première & la ſeconde oſcillation, qui vont toutes deux aux extrémités du cercle (1).

La troiſième nomination à la neuvième année, ſera la troiſième oſcillation qui replace le corps ſocial, le Corps légiſlatif repréſentant le corps ſocial, au centre du cercle, au foyer de toutes les vertus de la République, dans tout l'eſprit de la République.

Cet eſprit attaqué par toutes les paſſions, par les factions, par les journaux, par les théâtres, attaqué ſur-tout depuis l'établiſſement de la conſtitution, avoit beaucoup ſouffert à Paris & dans les départemens.

A la ſeptième année, l'eſprit de conſpiration, vaincu par

2

A

la révolution de vendémiaire , avoit projeté d'attaquer la République par l'esprit public, par les élections.

À la huitième année , les ennemis de la République avoient attenté à la liberté des élections. Un très-grand nombre d'élections a été cassé par le Corps législatif.

À la neuvième année , à la troisième élection, après la révolution du 18 fructidor qui a fait triompher la République, il y a lieu de penser que les élections seront bonnes , comme après la révolution du 10 août 1792.

C'est cette troisième élection, cette troisième oscillation qui doit mettre les rênes , le gouvernement de la République entre les mains des républicains, qui peuvent seuls la faire marcher & prospérer, comme la troisième élection, à compter de la première convocation, donna la Convention qui a fondé la République.

Quels sont les républicains ?

Ce sont tous ceux qui , dans les assemblées nationales, dans le gouvernement, dans les administrations & les tribunaux, dans les armées, dans toutes les fonctions publiques , ont, depuis le commencement de la révolution, marché dans le sens, dans l'esprit de la République.

Ce sont ceux qui , dès le commencement de la révolution, établissoient la République même pendant la monarchie, dans toutes les assemblées publiques, dans toutes les sociétés populaires, qui ont été si utiles, par leurs lumières & leur ardent patriotisme, pour établir la République.

Ce sont premièrement encore tous ceux qui ont défendu la République dans les armées, dans une guerre générale , dans la guerre la plus glorieuse qui ait encore eu lieu chez aucun peuple.

Ce sont premièrement encore tous les écrivains , tous les hommes qui se sont distingués dans les arts & dans les sciences, les écrivains qui ont publié des écrits patriotiques, des écrits utiles à l'établissement de la République, des écrits utiles à la morale qui fonde les républiques & le bien général de l'humanité.

Ce font tous les hommes qui ont furvécu à tous les dangers, à tous les travaux de la plus grande révolution connue, à qui cette révolution a donné l'expérience la plus utile pour le gouvernement, pour le bonheur des peuples, & qui, ainfi éprouvés & éclairés, peuvent, pour ainfi dire, en un inftant, décider les plus grandes queftions, prendre les meilleures réfolutions, faire les actions les plus grandes, les plus courageufes, les travaux les plus difficiles & les plus penibles.

C'eft le crime des ennemis de la liberté, c'eft le crime de l'ambition, c'eft l'aveuglement & le malheur du peuple, lorfque le peuple eft privé de ces hommes éclairés & éprouvés qui font fes meilleurs défenfeurs, & qui font la gloire & le bonheur des peuples. Après la deftruction de l'inégalité & des abus qui outrageoient & opprimoient la nature humaine, & s'oppofoient à fon amélioration & à fon bonheur, dans une République nouvellement inftituée, il y a un effort de toutes les paffions, reftes criminels de la monarchie & de l'ariftocratie, contre l'égalité, contre les vertus de la République.

C'eft cet efprit criminel de l'inégalité féodale, qui veut qu'un homme ne foit pas un homme, cet efprit de pareffe & d'orgueil qui veut vivre du travail & du fang du peuple, & qui le veut ignorant, dégradé & avili, pour pouvoir le dominer & l'opprimer; c'eft cet efprit criminel qui a tramé toutes les confpirations, qui a commis tous les crimes de la révolution, & qui fait fans ceffe des efforts pour les reproduire & pour renverfer la République.

Que doit donc faire le peuple inftruit par l'expérience d'une longue révolution, qui a rétabli la dignité & la liberté de l'homme, qui a fait connoître fa nature, fon caractère & fa véritable deftination, & a créé les grandes vertus & les grandes actions qui appartiennent aux républiques ?

Le peuple ne peut plus fe tromper, il a une règle fûre pour faire les meilleures élections. Il doit oppofer à ces ennemis reconnus de la liberté, les patriotes les hommes vertueux qui ont été leurs ennemis conftans, qui n'ont pas ceffé de les combattre dans les affemblées & les armées, & qui les ont terraffés.

La République, après avoir triomphé de tous fes ennemis, doit marcher à grands pas à toutes les inftitutions grandes & utiles, à toutes les grandes entreprifes qui doivent changer la face du monde, & donner à la France la plus grande gloire, la plus grande profpérité.

Elle doit renverfer l'ennemi irréconciliable, le gouvernement anglais, qui couvre encore des plus grands crimes l'Europe & le monde éclairé, le gouvernement qui fait les outrages les plus grands à des nations entières, & à des gouvernemens qui ont eu les yeux fermés pendant plufieurs fiècles fur la politique la plus atroce.

La République doit établir & affurer la liberté des mers pour toutes les nations, & faire la police du globe.

Elle eft arrivée à cet état de lumières & de grandeur, qui doit communiquer à l'humanité entière, dont une très-grande partie eft encore ignorante & barbare, un bonheur auquel elle a droit, & que les philofophes, que les hommes vraiment religieux de tous les pays defirent fi ardemment.

On a toujours vu profpérer une nation libre, victorieufe, éclairée & vertueufe.

Une nation victorieufe connoît toutes fes vertus, tous fes biens, toutes fes richeffes, & les emploie utilement.

Or la République eft riche, eft l'état le plus riche en hommes vertueux qui, dans les fonctions civiles & militaires, ont fondé ont défendu la République, & jamais aucun autre peuple libre n'en a eu un fi grand nombre.

C'eft cette richeffe de la vertu & du génie qui honore l'homme, qui fait la gloire & le bonheur des peuples.

La révolution, les travaux & la gloire de la révolution, ont créé une génération nouvelle, dans l'âge où l'homme a toute fa force, où il a acquis les plus grandes lumières, les plus grandes vertus, où il a les faits, les actions honorables & utiles qui atteſtent les lumières & les vertus.

C'eſt cette génération qui doit gouverner la République, c'eſt cette génération qui a déja formé à côté d'elle une autre génération qui ſera bientôt digne de la remplacer.

Et nous devons eſpérer que l'adoleſcence & l'enfance ſeront dignes de les remplacer, formées par les inſtitutions républicaines, par le bon exemple de la gloire & des vertus nationales.

C'eſt par ces deux générations que la République, ſuivant l'expreſſion de Machiavel, maintiendra ſa réputation dans l'intérieur avec de bonnes lois, & au dehors avec de bonnes armes, qu'elle maintiendra la Conſtitution & l'eſprit de la Convention, qui a rendu la France reſpectable, puiſſante & redoutable par de bonnes lois & de bonnes armes.

C'eſt parce que les lois ont été bonnes, que les armes ont été bonnes.

C'eſt la Convention qui, dans le moment de l'établiſſement & du danger de la République, a créé les armes, a créé quatorze armées pour la défendre ſur tous les points, pour attaquer, pour battre l'ennemi ſur tous les points.

C'eſt la Convention qui, dans ce moment important pour l'humanité entière, a excité l'enthouſiaſme de la nation, qui s'eſt levée toute entière, qui, à la voix de la Convention, eſt venue s'offrir toute entière pour défendre la République, que la convention avoit déclaré.

Et c'eſt à la voix d'un Corps légiſlatif ayant l'eſprit de la Convention, que les nations viendront s'offrir toutes entières pour demander & défendre la République.

C'eſt la Convention, qui alliant les qualités civiles aux qualités guerrières, a, par ſon courage, par la ſageſſe de ſes délibérations, par ſon entier dévouement, a tenu tête à tous les ennemis intérieurs & extérieurs.

C'eſt elle qui par ſon courage, ſa ſageſſe & ſon dévouement, a eu la force de réſiſter, de ſurvivre à toutes les attaques que les ennemis du dehors & du dedans lui ont

Par J. H. Bancal.　　　　　　　　　　A 3

portées, pour la faire déchirer par elle-même, pour livrer aux proscriptions, aux prisons, & au fer des échafauds, un très grand nombre de ses membres.

C'est elle, qui composée par le peuple de tant d'hommes éclairés & vertueux, a pu survivre à la perte d'un si grand nombre de ses membres.

C'est elle, qui malgré tant de malheurs, tant de souffrances, n'a pas cessé de diriger un si grand nombre d'armées qui ont été toutes victorieuses.

C'est elle, qui après avoir tant souffert, après avoir supporté toutes les épreuves du malheur, a eu la gloire de donner une constitution républicaine, à la nation devenue, par sa constitution, la plus grande la plus puissante nation de la terre.

« Une saine & forte constitution est la première chose » qu'il faut rechercher. » (Rousseau, Contrat social, liv. 2, chap. 9.)

C'est la Convention qui a triomphé en vendémiaire pour l'établissement de la constitution.

C'est elle qui a triomphé des conspirations tramées contre la constitution depuis son établissement.

C'est elle encore c'est son esprit, qui a triomphé en fructidor, d'une nouvelle conspiration pour renverser la République par la représentation nationale elle-même, à qui le peuple a imposé le devoir de défendre & conserver la République.

C'est le caractère & l'esprit de philosophie de la Convention, qui a donné à la révolution de fructidor un caractère différent des précédentes révolutions.

La révolution de fructidor ne ressemble point aux révolutions des républiques anciennes & modernes.

Elle ne ressemble point aux révolutions de Florence décrites par Machiavel, excitées dans une petite république par quelques familles patriciennes qui avoient tour-à-tour le gouvernement, sans qu'il y eût, comme en France, un ordre constitutionnel établi sur l'égalité ; dans une petite république, qui ayant pour voisins des Etats gouvernés par un seul, ne pouvoit se maintenir par elle-même, tant qu'elle souffroit le patriciat, tant qu'elle souffroit des factions composées de patriciens, qui alloient chercher la protection des gouvernemens voisins; dans une république où le peuple n'étoit pas assez éclairé pour voir qu'il falloit, ainsi que le dit Rousseau en parlant des Romains, abolir le patriciat, & punir les factions qui commettoient ces trahisons.

« L'expulsion des Tarquins, dit Rousseau au Contrat » social (note du chapitre X, livre III) fut la véritable » époque de la naissance de la république; mais elle ne » prit pas d'abord une forme constante, parce qu'on ne fit » que la moitié de l'ouvrage en n'abolissant pas le patriciat. »

C'étoient des querelles de familles qui devenoient publiques; ce n'étoit pas l'amour de la liberté, mais la soif de la vengeance, qui produisoit les mouvemens de ces factions, & des révolutions qui faisoient toutes le mal du peuple.

La révolution de fructidor est toute à l'avantage du peuple.

En France l'Etat est si vaste & si puissant, la gloire nationale est si grande, l'ordre constitutionnel établi sur l'égalité, par la volonté d'un grand peuple, est si sublime & si utile à l'humanité, les victoires remportées sur toute l'Europe dans la guerre & dans la paix, qui sont dues à l'établissement de cet ordre, ont donné aux ames de ceux qui ont remporté ces victoires une si grande élévation, que la révolution de fructidor a été marquée par la plus grande humanité.

La République a été préservée; elle a semblé renaître après cette révolution, comme la nature, après un grand orage, nous paroît plus belle.

Après tant de conspirations & de révolutions, on peut dire du peuple français, & de tous les autres peuples qui ont la déclaration des droits, la constitution & la République, ce que Montesquieu disoit des révolutions chez

les peuples libres : « Toutes les révolutions feroient la con-
» firmation de la liberté. »

Après tant de confpirations, de crimes contre le peuple, après tant d'obftacles, tant de dangers, dont la Convention a triomphé, eft-il poffible de penfer que le peuple veuille confier le devoir de combattre, de repouffer ces dangers à d'autres qu'à ceux qui les ont combattus courageufement & glorieufement ?

Il n'eft pas poffible de penfer que le peuple veuille confier la garde du camp & de la République à d'autres qu'à ceux qui les ont fidèlement gardés.

On doit penfer que le peuple apportera la plus grande attention pour choifir fes repréfentans, qu'il les choifira fur les vertus & fur les talens, fur les plus grandes vertus & les plus grands talens, fans aucune acception de perfonnes, & voyant uniquement la patrie & le plus grand bonheur de tous les citoyens, voyant la patrie affligée & déchirée, reprochant leurs mauvais choix, reprochant le plus grand crime à ceux qui, dans l'acte le plus important où il s'agit de l'intérêt de tous les citoyens, ont trahi eux-mêmes, leurs frères, leur confcience & la République. On doit penfer que le peuple apportera la plus grande attention pour nommer des hommes capables, par leur courage & leurs vertus, de maintenir & d'affurer fa gloire, fes droits & fa profpérité.

C'eft le courage, la fageffe & l'ordre qui conquièrent ; c'eft encore le courage qui conferve, ce que le courage, la fageffe & l'ordre ont conquis.

Quels font ceux qui ont le courage & la fageffe capables de conferver, & de donner toujours à la République de bonnes lois & de bonnes armes ?

Ce font principalement les citoyens qui ont l'efprit de la révolution & de la Convention, qui ont combattu dans les affemblées & les armées, & que Dieu a fait furvivre, & dont l'exiftence, la préfence & les travaux, doivent exciter dans le cœur du peuple tous les fentimens de recon-

noiffance & d'amour qui caractérifent les peuples libres ;
des fentimens qui font la récompenfe des bonnes actions,
& qui en créent de nouvelles.

C'eft la Convention, c'eft l'efprit de la Convention, qui, dans
les deux Confeils & dans le Directoire, a donné à la conftitution,
à l'inftitution de la République, toute fa force dans l'intérieur &
dans les armées, qui a fait la plus glorieufe des guerres,
qui a forcé fucceffivement les ennemis de la République
à la paix, qui a maintenu la dignité, la liberté & la
gloire nationale, & qui a ainfi bien mérité du peuple &
de l'humanité ; c'eft la Convention, l'efprit de la Convention, qui a maintenu au dedans l'ordre & la liberté, &
mis fin à la plus cruelle guerre civile, qui paroît être un
crime du gouvernement anglais ; c'eft la Convention qui,
par la plus glorieufe des guerres, a reculé les barrières de
la République, & augmenté d'un cinquième les citoyens
& le territoire ; c'eft la Convention qui a déclaré la liberté
des noirs & détruit la traite, autre crime du gouvernement anglais, l'abominable traite qui crie inceffamment
la juftice de Dieu fur les coupables.

Il y a donc lieu de penfer que le peuple éclairé par une
expérience de neuf années, nommera les hommes qui ont
fupporté les travaux & les dangers de la révolution & de
la guerre, & qui en ayant toute l'inftruction, tout l'efprit,
font les plus capables, les plus dignes de maintenir la
liberté qu'ils ont fondée.

Et ce n'eft pas de ces hommes éprouvés que le peuple
peut avoir à craindre pour fa liberté. On ne détruit pas fon
propre ouvrage, qui eft l'ouvrage & le plus grand bien de
tous ; on le conferve. On ne flétrit pas une gloire éprouvée
& affurée, une gloire nouvelle fondée fur la vertu, & déja
jugée par le monde entier, parce qu'elle a été utile à l'humanité entière.

Elle a déja été utile à l'humanité entière, cette gloire
nouvelle, cette liberté nouvelle, fondée par la vertu ; elle
a brifé les chaînes, ouvert les prifons, effuyé les larmes ;

elle a fait refpirer l'humanité dans les cachots & dans les déferts ; elle s'eft fait entendre jufques dans les déferts, à l'homme barbare & à l'homme fauvage, étonné de la nouvelle gloire de l'homme, étonné de fa penfée, étonné de la penfée qui apporte dans fon cœur la dignité, les vertus & les droits de l'homme ; elle s'eft fait entendre au cœur de l'homme civilifé, étonné de fa penfée, qui porte la liberté, la vertu & le bonheur dans les déferts ; elle s'eft fait entendre au cœur de la mère, étonnée, charmée d'avoir mis au monde un homme, qui aura la liberté de la penfée ; au cœur de l'enfant, tranfporté de joie de fa penfée & de fon exiftence, & qui ne fait d'où lui vient la penfée fpirituelle. ..... au cœur du vieillard, étonné de la penfée qui le fait exifter encore, & remerciant Dieu de la nouvelle exiftence que Dieu lui donne, que Dieu donne au genre humain.

« Nous avons appris, dit Tacite, que les Gaulois fu- » rent illuftres dans les guerres. »

Les Français furent encore illuftres dans les guerres, au fiècle de Charlemagne. Leur gloire fe perdit bientôt par le gouvernement d'un feul, incompatible avec la liberté & l'égalité. L'Europe libre tomba dans l'ignorance, dans la barbarie, dans l'inégalité & la fervitude féodale. L'homme ceffa d'être homme ; il devint tyran & efclave.

C'eft la liberté & l'égalité qui maintiennent la dignité de l'homme, & donnent une gloire durable.

Le malheur & l'hiftoire ont éprouvé & éclairé le genre humain, & on ne doit plus le retenir dans les fers.

Les Français libres & égaux en droits, fe gouvernent en République.

Les nations font libres par l'égalité, par les affemblées nationales.

Le genre humain ne tombera plus dans l'ignorance, dans l'inégalité, dans la barbarie, dans l'aviliffement des fiècles de la féodalité, qui a couvert les quatre parties du monde.

Les Français, dans la République, cultivent des lumières

nouvelles, des vertus nouvelles : ils ont fondé une gloire nouvelle qui fera tranfmife à leurs defcendans par la liberté, par les lumières, par l'égalité, par la vertu.

Les repréfentans du peuple font fes interprètes pour déclarer fon opinion, fa volonté.

Ils font encore fes défenfeurs pour maintenir fa dignité & fa liberté contre tous fes ennemis, contre les paffions, contre les erreurs, contre les mauvaifes mœurs.

Ils font encore les défenfeurs du peuple pour faire entendre fa penfée d'un pole à l'autre ; la penfée, qui d'un pole à l'autre, appèle & unit tous les peuples.

Ils font encore les défenfeurs du peuple pour faire entendre à tous les peuples la penfée & la voix de l'humanité fouffrante...... par l'inégalité & la fervitude ; la penfée & la voix de l'humanité heureufe par l'égalité, par la liberté & la vertu.

Les Français, les repréfentans du peuple défendent la liberté, l'égalité & la vertu dans les Affemblées nationales avec autant de franchife & de courage que dans la guerre & dans les armées.

C'eft donc principalement dans les Affemblées nationales & dans les armées que le peuple doit fixer fes choix, afin d'avoir un Corps légiflatif qui réuniffe les hommes que la révolution a faits les plus grands, les plus refpectables, & qui, fort de lumières & de patriotifme, foit capable de maintenir la gloire des Français dans la paix & dans la guerre, d'affurer la profpérité de la République & le bonheur du peuple ; un Corps légiflatif qui conçoive & réalife toutes les idées grandes & utiles qui font profpérer les républiques, & qui doivent changer & améliorer le fort de l'homme, & que réclame le genre humain après la révolution françaife ; un Corps légiflatif qui crée pour l'agriculture de nouvelles terres, fonde des colonies, reconnoiffe & découvre des terres nouvelles, civilife & inftitue les peuples, & établiffe fur toute la terre la liberté, l'égalité & la vertu.

Note renvoyée à la page 1.

(1) Comme tout est en mouvement dans l'univers, & que les forces générales répandues dans la matière, luttent sans cesse les unes contre les autres & se contrebalancent ; tout se fait par des espèces d'oscillations, dont les temps moyens sont le cours ordinaire de la nature, & les extrémités en sont les points les plus éloignés. BUFFON, *hist. nat.*

B A U D O U I N, Imprimeur du Corps législatif, place du Carrousel, n°. 662. Ventôse an 6.